BEI GRIN MACHT SICH IHR WISSEN BEZAHLT

- Wir veröffentlichen Ihre Hausarbeit,
  Bachelor- und Masterarbeit

- Ihr eigenes eBook und Buch -
  weltweit in allen wichtigen Shops

- Verdienen Sie an jedem Verkauf

Jetzt bei www.GRIN.com hochladen
und kostenlos publizieren

Andreas Bocek

Zur Eignung der Diskursanalyse im Forschungsfeld der Außenpolitik

GRIN Verlag

Bibliografische Information der Deutschen Nationalbibliothek:

Die Deutsche Bibliothek verzeichnet diese Publikation in der Deutschen National-
bibliografie; detaillierte bibliografische Daten sind im Internet über http://dnb.d-
nb.de/ abrufbar.

Dieses Werk sowie alle darin enthaltenen einzelnen Beiträge und Abbildungen
sind urheberrechtlich geschützt. Jede Verwertung, die nicht ausdrücklich vom
Urheberrechtsschutz zugelassen ist, bedarf der vorherigen Zustimmung des Verla-
ges. Das gilt insbesondere für Vervielfältigungen, Bearbeitungen, Übersetzungen,
Mikroverfilmungen, Auswertungen durch Datenbanken und für die Einspeicherung
und Verarbeitung in elektronische Systeme. Alle Rechte, auch die des auszugsweisen
Nachdrucks, der fotomechanischen Wiedergabe (einschließlich Mikrokopie) sowie
der Auswertung durch Datenbanken oder ähnliche Einrichtungen, vorbehalten.

Impressum:

Copyright © 2012 GRIN Verlag GmbH
Druck und Bindung: Books on Demand GmbH, Norderstedt Germany
ISBN: 978-3-656-51451-0

Dieses Buch bei GRIN:

http://www.grin.com/de/e-book/262600/zur-eignung-der-diskursanalyse-im-for-
schungsfeld-der-aussenpolitik

GRIN - Your knowledge has value

Der GRIN Verlag publiziert seit 1998 wissenschaftliche Arbeiten von Studenten, Hochschullehrern und anderen Akademikern als eBook und gedrucktes Buch. Die Verlagswebsite www.grin.com ist die ideale Plattform zur Veröffentlichung von Hausarbeiten, Abschlussarbeiten, wissenschaftlichen Aufsätzen, Dissertationen und Fachbüchern.

Besuchen Sie uns im Internet:

http://www.grin.com/

http://www.facebook.com/grincom

http://www.twitter.com/grin_com

Friedrich-Schiller-Universität Jena
Institut für Politikwissenschaft
Lehrstuhl Politisches System der Bundesrepublik Deutschland
Tutorium: ASQ 1 - Technik wissenschaftlichen Arbeitens
Wintersemester 2012/2013

Zur Eignung der Diskursanalyse im

Forschungsfeld der Außenpolitik

Vorgelegt von:

Andreas Bocek

Abgabedatum: 20.12.2012

Inhaltsverzeichnis

1.Einleitung

In dem Zeitalter der Globalisierung wird der Außenpolitik souveräner Staaten eine fundamentale Rolle beigemessen. Die bis heute bestehenden Grundmerkmale internationaler Politik – nationale Sicherheit und relative Macht – werden durch außenpolitische Strategien der Staaten, ihrer Regierungsbeschlüsse und den verschiedenen inneren und äußeren Voraussetzungen der Außenpolitik reglementiert.

Die Außenpolitik ist aus der modernen Politik nicht wegzudenken und stellt demnach ein essenzielles Tätigkeitsfeld der internationalen Beziehungen und im politischen System dar.[1]Um außenpolitische Prozesse vollends zu verstehen und mitunter zu prognostizieren, bedarf es einer zweckmäßigen Außenpolitikforschung. Das Gebiet der Außenpolitikforschung erscheint jedoch laut Peters „wie ein großes, unübersichtliches Feld, auf dem hundert Blumen blühen"[2]. Es existiert eine Unmenge an Analyseansätzen und -methoden, die innerhalb der Politikwissenschaft einen eher unterentwickelten Bereich darstellen. Die vorliegende Arbeit knüpft an dieser Problemstellung an und befasst sich mit einem dieser Analysemethoden der Außenpolitikforschung, der Diskursanalyse. Im Speziellen wird der Versuch unternommen, die Frage zu beantworten, inwieweit die Diskursanalyse in der Außenpolitikforschung Anwendung findet.

Das folgende Kapitel beschreibt zunächst in komprimierter Form sowohl die Einordnung der Außenpolitikforschung in ein politisches System als auch die Entwicklung der Außenpolitikforschung. Anschließend wird die eingangs erwähnte Problemstellung thematisiert. Den Abschluss der Arbeit bildet die Zusammenfassung der vorher behandelten Inhalte.

2. Diskursanalysen in der Außenpolitikforschung

Der renommierte Politikwissenschaftler Hartmann nennt fünf Komponenten eines politischen Systems, auf deren Grundlage die grundsätzliche Politikforschung ansetzt. Dabei handelt es sich um

1. Weltanschauungen (gesellschaftlich relevante und akzeptierte Werte),

---

[1] Vgl. Wilhelm, Andreas: Außenpolitik. Grundlagen, Strukturen und Prozesse, München: Oldenbourg 2006, S. 1.
[2] Vgl. Peters, Dirk: Ansätze und Methoden der Außenpolitikanalyse, in: S. Schmidt/G. Hellmann/R. Wolf (Hrsg.), Handbuch zur deutschen Außenpolitik, Wiesbaden: VS-Verlag für Sozialwissenschaften 2007, S. 816.

2. entscheidungsrelevante politische Institutionen und Verfahren (Parteien, Wahlen, Parlament, Regierung, Verwaltung),

3. organisierte Gruppen (die als Verbände und Vereine gesellschaftliche Bedürfnisse aufgreifen und diese als politische Interessen artikulieren),

4. politische Eliten (in Gesellschaft und Staat),

5. effektive Entscheidungstätigkeit in verschiedenen Politikbereichen.

Dieses Ensemble systempolitischer Komponenten bezeichnet gemäß Hartmann maßgeblich die nach innen gerichteten Politikfelder. Die Außenpolitikforschung jedoch greift zwangsläufig diese Komponenten auf, da außenpolitische Probleme auf innenpolitische Implikationen beruhen.[3]

2.1 Historischer Abriss der Außenpolitikforschung

Die Außenpolitikforschung ist ein recht junger Forschungszweig, welcher der politikwissenschaftlichen Disziplin der internationalen Beziehungen zuzuordnen ist. Sie findet ihren Ursprung in den 1950er Jahren und ist seitdem auch an den politikwissenschaftlichen Lehrstühlen deutscher Universitäten angesiedelt. Im Laufe der Jahrzehnte kristallisierte sich zunehmend heraus, dass die Außenpolitikforschung als Brückendisziplin zwischen innenpolitischer und internationaler Ebene definiert ist.[4] Studien und Veröffentlichung von Außenpolitikforschung bezogen sich bis zum Jahr 1990 fast ausschließlich auf die beiden Supermächte Sowjetunion (SU) und die Vereinigten Staaten von Amerika (USA). Die deutsche Außenpolitik erfuhr erst ab diesem Zeitpunkt eine detaillierte Auseinandersetzung außenpolitischer Interessensgebiete. Gegenwärtig wird Außenpolitik in weltweit zahlreichen*Think Tanks* und Forschungseinrichtungen untersucht.[5]

2.2 Diskursanalyse

Die wissenschaftliche Auseinandersetzung mit der Außenpolitikforschung sieht sich stets der Problematik gegenübergestellt, wie sie sich ihrer Thematik annähern soll. Diesbezüglich haben sich in den vergangenen Jahrzehnten diverse Herangehensweisen herauskristallisiert.

---

[3] Vgl. Hartmann, Jürgen: Die Außenpolitik der Weltmächte. Eine Einführung, Frankfurt am Main: Campus-Verlag 1988, S. 20f.

[4] Vgl. Schmidt, Siegmar/Hellmann, Gunther/Wolf, Reinhard: Handbuch zur deutschen Außenpolitik, Wiesbaden: VS-Verlag für Sozialwissenschaften 2007, S. 39f..

[5] Vgl. Peters, D.: Ansätze und Methoden der Außenpolitikanalyse, S. 815.

Die Diskursanalyse ist eine Variante der Herangehensweise zur Analyse außenpolitischer Thematiken, welche im Folgenden näher beschrieben wird.

Die Begriffe Diskurs und Diskursanalyse implizieren generelleine Vielzahl von Bedeutungen. Im forschungspolitischen Kontext ist unter Diskurs „eine inhaltlich-thematisch bestimmte, institutionalisierte Form der Textproduktion"[6] zu verstehen. Politische Diskurse erfüllen die Funktion der politischen Diskussionsformung, der Erklärung politischer Ereignisse, der Rechtfertigung politischen Handelns sowie der Interpretation historischer Erinnerungen und konstruierenden Identitäten.

Die Diskursanalyse ist gemäß Hellmann sowohl ein vielfältiges theoretisches als auch methodisches Instrumentarium, um vergangene Phänomene außenpolitischen Handelns nachzuvollziehen. Diskursanalysen setzen eine indirekte Beziehung zwischen außenpolitischem Verhalten (Ergebnis von Entscheidungen) und Identitäten (Grundlage für Begründungen und Empfehlungen) voraus.[7] Der Diskurs tritt hierbei als entscheidendes Bindeglied zwischen den beiden genannten auf.

Durch Diskursanalysen werden langfristige Veränderungen in der Entwicklung der Außenpolitik eines Staates transparent gemacht. Im Speziellen wird beschrieben, wie sich grundlegende Überzeugungen auf außenpolitisches Handeln auswirken.So findet die Diskursanalyse beispielsweise in einer Studie HellmannsAnwendung, in dem er das verändernde Verhalten deutscher Militäreinsätze in den 1990er Jahren analysiert.

Der wesentliche Unterschied zu anderen Analysemethoden der Politikwissenschaft besteht darin, dass hierbei nicht die Stabilität und Kontinuität, sondern die Veränderung und der Wandel in das zentrale Blickfeld der Forschung rücken. Hellmann sieht dies sogar als einen Vorteil gegenüber anderer Methoden.[8]

In diesem Zusammenhang zeichnen sich zwei weitere entscheidende Unterschiede von anderen Forschungsansätzen ab: der Kontrast zu den der politischen Kultur betreffenden Ansätze und zum Kontrast kognitiver Ansätze. Bezüglich ersterem heben auch diskursanalytische Ansätze universelle Überzeugungssysteme wie Identitäten oder Normen heraus. Allerdings sind diese nicht hauptsächlich auf die Stabilität und Kontinuität ausgerichtet. Demge-

---

[6] Vgl. Hellmann, Gunther: Deutsche Außenpolitik. Eine Einführung, Wiesbaden: VS-Verlag für Sozialwissenschaften 2006, S. 206.

[7] Vgl. Stahl, Bernhard/Harmisch, Sebastian: Vergleichende Außenpolitikforschung und nationale Identitäten. Die Europäische Union im Kosovo-Konflikt 1996-2008, Baden-Baden: Nomos Verlag 2009, S. 42.

[8] Vgl. Hellmann, G.: Deutsche Außenpolitik, S. 205.

genüber steht die Tatsache, dass vielmehr der Prozess der (Re-)Produktion von Akteuren und Strukturen im Mittelpunkt steht.bezüglich der kognitiven Ansätze ist festzustellen, dass diskursanalytische Ansätze umfangreiche Bedeutungssysteme im Zusammenhang bestimmter Praktiken ins Zentrum der Analyse schieben.sie analysieren stärker die Überzeugungssysteme von Individuen und die damit verbundenen Entscheidungen. Anders ausgedrückt untersuchen kognitive Ansätze dasAuftreten, Argumentieren und rationale Verhalten politischer Entscheidungsträger.[9]

Fürst fügt einen weiteren aus den Sozialwissenschaften stammenden Ansatz hinzu, der für die Politikwissenschaft und diskursanalytische Außenpolitikforschung von besonderer Relevanz ist.dieser Ansatz baut „auf der strukturalistischen Linguistik Ferdinand de Saussures und seiner poststrukturalistischen Kritiker"[10] auf. So haben sich unter anderem zwei der größten, mit der europäischen Außenpolitik befassenden Forschungsgruppen auf diesen diskursanalytischen Ansatz bezogen. Zu nennen ist an dieser Stelle beispielsweise Thomas Diez' Studie zur europäischen Integration.

Die aufgezeigtenVarianten diskursanalytischer Ansätze lassen sich schließlich auf drei unterschiedliche Instrumentarien innerhalb der Außenpolitikanalyse anwenden:

1. Analyse der Identität einer Nation umschreibenden Konzepte wie Nation, Staat und Europa,

2. Untersuchung handlungsleitender außenpolitischer Problembeschreibungen und Lösungsansätze,

3. eingehende Analyse des Bedeutungsgehaltes zentraler außenpolitischer Strategien.

Alles in allem erschließt sich in den diskursanalytischen Ansätzen eine enge Verzahnung zwischen dem notwendigen Sprachrepertoire und dem endgültigen Handeln als letzte Konsequenz. Das ermöglicht nicht nur Einblicke in Überzeugungssysteme außenpolitischer Entscheidungsträger, sondern auch Einschätzungen bzgl. der Ausübung der Außenpolitik eines Staates.[11]

---

[9] Vgl. Hellmann, G.: Deutsche Außenpolitik, S. 210f.
[10] Vgl. Vgl. Fürst, Heiko: Europäische Außenpolitik zwischen Nation und Union. Die Konstruktiondespolnischen, rumänischenundungarischenDiskurseszurGASP, Baden-Baden: Nomos Verlag 2008, S. 45f.
[11] Vgl. Hellmann, G.: Deutsche Außenpolitik, S. 220.

3. Zusammenfassung und Ausblick

In einer Zeit der zunehmenden weltweiten Verflechtung und Verdichtung globaler Beziehungen ist die Außenpolitik ein zentraler Gegenstand wissenschaftlicher Analysen geworden. Die Auseinandersetzung mit der Frage, welche Methoden und Verfahrensweisen dabei am geeignetsten scheinen, beschäftigt Forschungseinrichtungen nicht erst seit gestern.

Vielerlei Ansätze, die sich auf die speziellen Anforderungen der diskursanalytischen Außenpolitikforschung beziehen, konnten im Rahmen der vorliegenden Arbeit nur angedeutet werden. Jedoch hat sich herauskristallisiert, dass zahlreiche Autoren und Wissenschaftler im Rahmen ihrer Forschungsaufträge auf die Methode der Diskursanalyse zurückgreifen. Gerade im Kontext außenpolitischer Analysen stellt sie eine angesehene und wirkungsvolle Forschungsmethode dar.

Alle in dieser Arbeit genannten Autoren wenden die Diskursanalyse in ihren jeweiligen Untersuchungen an. Sie sind sich darüber einig, dass die Diskursanalyse in der Außenpolitikforschung eine geeignete Methode zur Analyse außenpolitischer Angelegenheiten darstellt.

Letztlich bleibt festzuhalten, dass die Außenpolitik und deren Forschung durch eine Reihe verflochtener Handlungsfelder, wie zum Beispiel die größere Akteursvielfalt oder die Verringerung des nationalstaatlichen Bestimmungsrahmens, wesentliche Veränderungsmerkmale für die Außenpolitik des neuen Jahrhunderts bilden. So steht Außenpolitik „auch künftig mehr denn je im Vordergrund politischen Interesses – sei es journalistisch, wissenschaftlich oder pragmatisch"[12].

---

[12]Vgl. Wilhelm, A.: Außenpolitik, S. 2.

4. Literaturverzeichnis

Fürst, Heiko: Europäische Außenpolitik zwischen Nation und Union. DieKonstruktiondespolnischen, rumänischenundungarischenDiskurseszurGASP, Baden-Baden: Nomos Verlag 2008.

Hartmann, Jürgen: Die Außenpolitik der Weltmächte. Eine Einführung, Frankfurt am Main: Campus-Verlag 1988.

Hellmann, Gunther: Deutsche Außenpolitik. Eine Einführung, Wiesbaden: VS-Verlag für Sozialwissenschaften 2006.

Peters, Dirk: Ansätze und Methoden der Außenpolitikanalyse, in: S. Schmidt/G. Hellmann/R. Wolf (Hrsg.), Handbuch zur deutschen Außenpolitik, Wiesbaden: VS-Verlag für Sozialwissenschaften 2007, S. 815-833.

Schmidt, Siegmar/Hellmann, Gunther/Wolf, Reinhard: Handbuch zur deutschen Außenpolitik, Wiesbaden: VS-Verlag für Sozialwissenschaften 2007.

Stahl, Bernhard/Harmisch, Sebastian: Vergleichende Außenpolitikforschung und nationale Identitäten. Die Europäische Union im Kosovo-Konflikt 1996-2008, Baden-Baden: Nomos Verlag 2009.

Wilhelm, Andreas: Außenpolitik. Grundlagen, Strukturen und Prozesse, München: Oldenbourg 2006.